44

Lb 540.

DISCOURS

PRONONCÉ

Par M. Amanton, Maire de la ville d'Auxonne, le 9 juin 1811, jour des réjouissances publiques à l'occasion de la naissance de S. M. LE ROI DE ROME, lors du mariage avec un ancien militaire, d'une fille dotée sur la caisse municipale.

« Tout ce que la France me témoigne
« dans cette circonstance, va droit à mon
« cœur. . . . . . . »

PAROLES de L'EMPEREUR au
Sénat, le 22 mars 1811.

A DIJON,

DE L'IMPRIMERIE DE FRANTIN.

1811.

DISCOURS

Prononcé par M. Amanton, Maire de la ville d'Auxonne, le 9 juin 1811, jour des réjouissances publiques à l'occasion de la naissance de S. M. Le Roi de Rome, en la grande salle de l'hôtel-de-ville, lors de la célébration du mariage avec un ancien militaire, d'une fille dotée sur la caisse municipale.

Messieurs,

« Puissent nos illustres Maîtres . . . . . . « bientôt donner à la France un héritier « du trône sur lequel ils sont assis, et des « vertus dont ils brillent ! » Tel étoit le vœu qu'il y a un peu plus d'une année *, nous formions solennellement dans cette

---

* Voy. *Discours prononcé le 23 avril 1810, etc.* in-8.º Dijon, 1810.

enceinte où nous réunissoit la fête du mariage de Sa Majesté l'Empereur avec l'Archiduchesse Marie-Louise ; et déjà, grâces au Ciel, ce vœu s'est réalisé ! nous avons un Roi de Rome *.

« Les grandes destinées de mon fils s'ac
« compliront . . . . . il vivra pour le bon
« heur et la gloire de la France . . . . . »
Telles sont les paroles qu'il y a un peu plus de deux mois **, les deux premiers corps de l'État *** recueilloient de la bouche même de l'Empereur : paroles mémorables que recueilleront à leur tour, les monumens, les fastes de l'histoire : paroles prophétiques, gage des heureuses destinées de l'Empire.

Les destinées de l'Empire . . . . ! confiées depuis à peine deux lustres, au plus éclairé des politiques, au plus sage des législateurs, au plus grand des capitaines : ce petit

* Napoléon-François-Charles-Joseph, Prince impérial, né à Paris le 20 mars 1811.

** Le 22 mars 1811.

*** Le *Sénat* et le *Conseil d'État*.

nombre d'années a déroulé aux yeux du monde étonné, un tableau d'événemens qu'on croiroit le résultat d'une longue série de siècles.

Toutefois, il étoit d'une sage prévoyance, de la part de celui dont ils étoient l'ouvrage, après avoir si savamment posé les fondemens d'un Empire nouveau, de travailler à le consolider.

Disons-le : une sorte d'inquiétude agitoit à la fois, le Prince et les sujets.

Cette inquiétude se portoit toute entière sur l'avenir.

Il manquoit à Napoléon de se voir revivre, de se voir continuer dans un autre lui-même.

Il manquoit aux Français de pouvoir contempler dans un héritier direct du sang, du nom, des vertus, du génie, de là gloire, de la renommée, de l'ascendant irrésistible de leur auguste chef, un garant certain de la stabilité d'un ordre de choses acquis au prix de tant de généreux efforts, et cimenté par le sang de leurs guerriers.

Bientôt le monarque jette un regard sur

les trônes qui l'environnent. Il a conçu le grand dessein de s'attacher plus particulièrement, par la plus douce des alliances, l'un de ceux que des traités politiques ont liés à sa cause.

Déjà, on peut lé croire, plus d'une Princesse brigue en secret l'honneur de toucher le cœur magnanime du héros, tandis que plus d'un souverain fonde, sur la préférence qu'il accordera à sa fille, les plus hautes espérances.

Mais c'est à l'illustre Marie-Louise qu'il est réservé d'être appelée par le choix du grand Napoléon, à partager à la fois, avec lui, le plus grand trône de l'univers et l'amour du plus grand des peuples.

Et cette auguste union, du moment qu'elle est consommée, bannit de tous les cœurs, toutes les craintes auxquelles ils étoient en proie, pour n'y laisser place qu'aux plus flatteuses espérances.

Le Prince et les sujets, déjà redevables à la Providence, d'un premier, d'un si riche don, se confient dès-lors tout entiers à sa munificence pour l'avenir.

La Providence paie cette confiance en secondant bientôt le plus ardent de leurs vœux.

Il naît un ROI DE ROME.

A l'instant où les détonations du bronze, d'abord comptées avec les démonstrations d'une inquiète incertitude, mais enfin prolongées au-delà du nombre qui ne doit plus laisser de doute sur la naissance du Prince héréditaire ; à l'instant, dis-je, où les détonations du bronze donnent, sur les bords de la Seine, le premier signal de *ce grand événement ;* des *transports de ravissement ,* des *cris d'alégresse éclatent* dans la Capitale ; ils se propagent avec rapidité *dans tout l'Empire ,* et *retentissent jusques aux pieds du trône ,* par l'organe des premiers corps de l'état.

Bientôt toute la France est inclinée pour *saluer* le *nouvel astre qui vient de se lever sur son horizon ,* et *dont le premier rayon dissipe jusqu'aux dernières ombres des ténèbres de l'avenir* * ; et TOUT CE QUE LA

* Harangue du SÉNAT à S. M. L'EMPEREUR , le 22 mars 1811.

FRANCE TÉMOIGNE DANS CETTE CIRCONS-
TANCE, à l'heureux Chef de la race de
héros qui commence, VA DROIT A SON
COEUR * devenu doublement paternel.

Aujourd'hui, Messieurs, une scène non
moins attendrissante s'ouvre à nos regards
et s'offre à nos méditations.

Nos augustes Souverains, à genoux aux
pieds du trône du Roi des Rois, dans la
première Basilique de l'Empire, sollicitent
pour leur premier né, en le présentant
au baptême, son rang parmi les Princes
chrétiens ; ils rendent à Dieu de solennelles actions de grâces de ce qu'il a daigné *accorder* cet Enfant à leurs *ardens
désirs ;* ils prient le Ciel de ratifier cette
promesse faite d'inspiration , au moment
de sa naissance : *les grandes destinées
de mon fils s'accompliront...... Il vivra
pour le bonheur et la gloire de la
France.........* **

* Paroles de L'EMPEREUR au SÉNAT et au
CONSEIL D'ÉTAT, le 22 mars 1811.

** Réponse de L'EMPEREUR au SÉNAT.

Dans cette journée , tous les Français unissent leurs actions de grâces , leurs prières et leurs vœux, aux actions de grâces, aux prières et aux vœux de l'illustre Couple Impérial. Ce concert touchant, trouvera, n'en doutons pas , la Divinité propice.

Dans cette journée , des réjouissances publiques célèbrent par-tout où s'étend la domination de NAPOLÉON, la venue du premier né des Princes qui lui succéde-deront : du premier qui naquit avec le titre pompeux de Roi de cette Rome an-tique , plus heureuse de nos jours, d'être la seconde ville de l'Empire Français , qu'elle ne fut fière jadis d'être la première ville du monde.

Et comment tous les sentimens que les Français manifestèrent avec un accord si touchant, à l'époque de la naissance du Roi de Rome , ne se réveilleroient-ils pas dans cette belle journée ; puisqu'il est vrai que cet événement est l'un des plus intéressans du règne de notre auguste Mo-narque , par l'influence qu'il doit avoir sur les destinées de l'Empire , sur le bonheur de nos enfans et de leurs derniers neveux !

En effet , Messieurs, portons un moment notre pensée sur cet avenir que nous prions tous les jours le Ciel de reculer , où , suivant l'ordre de la nature............ Mais que dis-je ! pourquoi affligerois-je inutilement vos ames......... ! Les maux dont l'absence d'un Prince héréditaire en ligne directe , pouvoit menacer un jour notre patrie, le Roi de Rome , en naissant, les a tous heureusement conjurés.....

Le Roi de Rome......! les Français pouvoient-ils donc ne pas le désirer avec ardeur , l'attendre avec impatience , le recevoir avec ravissement !

Aussi , le voyant croître sous les yeux de ses augustes parens et se former par leurs leçons et leurs exemples ; accoutumés à voir dans ce jeune Prince celui qui doit un jour régner sur eux; leurs sentimens de respect, de fidélité, d'amour pour les illustres auteurs de ses jours, se perpétueront pour lui. Il entrera paisiblement dans la possession du noble héritage de son père ; et malheur, malheur à qui oseroit seulement concevoir la pensée de l'y troubler !

Le jour de la naissance du Roi de Rome fut un jour de bonheur ; le jour où toute la France la célèbre est donc à juste titre, un jour d'alégresse.

Tout ce que la France témoigne dans cette circonstance, nous en avons pour garant la parole de l'Empereur, *va droit au cœur* de ce Monarque. Voilà pourquoi tous les Français, jaloux de conquérir le cœur du héros comme il a conquis les leurs, rivalisent à qui fera le mieux éclater ses sentimens ; et c'est parce que l'on sait que Sa Majesté *voit avec intérêt* les Braves qui ont servi sous ses enseignes, trouver le repos sous les lois de l'hymen, que les grandes Communes associent presque toutes, aux fêtes de cette journée, l'union de quelques Braves avec de jeunes filles qui leur apportent en dot leurs vertus et les libéralités qu'elles leur ont méritées.

Futurs Époux *, il est bien glorieux pour vous d'avoir mérité de la part de ceux que la loi charge dans les grandes occasions de manifester les vœux de leurs concitoyens ; il est bien glorieux pour vous d'avoir mérité la distinction qui vous appelle à vous jurer la foi du mariage sous de pareils auspices.

Votre union marquée par l'un des événemens du règne de S. M. l'Empereur, qui doit avoir la plus heureuse influence sur les destinées de l'Empire, ne sauroit tromper vos espérances et ne pas remplir les nôtres.

La pompe qui vous environne ; les regards que l'intérêt que vous inspirez, attire de toutes parts sur vous ; l'honneur que vous font de vous accompagner aux autels d'hyménée, une jeune demoiselle

---

* *Antoine Brulé*, né à Saint-Léger, canton de Pontailler, arrondissement de Dijon, caporal réformé du 92.ᵉ régiment d'infanterie de ligne, ayant fait les campagnes des ans 11, 12, 13, 14=1806, 1807 et 1808, âgé de trente ans.

Et *Anne Henry*, née aux Granges d'Auxonne, âgée de dix-sept ans.

intéressante par les qualités qui distinguent les personnes privilégiées de son sexe *, et un jeune guerrier, déjà non moins recommandable par les vertus de son état, qu'il ne l'est par l'avantage de devoir le jour à l'un des plus illustres Savans qui aient honoré l'Europe ** ; enfin, toutes les circonstances de votre union, en signalant ce jour comme le plus beau de votre vie, vous rappeleront sans cesse la sainteté de vos engagemens et vous tiendront constamment attachés aux devoirs qu'ils vont vous imposer.

Ainsi, heureux par les vertus qui vous valent l'honorable distinction que vous recevez, vous ferez le bonheur de vos parens : vous conserverez l'estime de vos concitoyens : vous serez un sujet d'émulation pour ceux qui aspirent à la même distinction dans d'autres circonstances ;

---

* Mll.ᵉ Jenny-Virginie Champneuf, fille de M. le Commandant d'armes.

** M. le Baron Laplace, Lieutenant au premier régiment d'artillerie à cheval, en garnison à Auxonne, fils de M. le Sénateur Comte Laplace, Chancelier du Sénat.

et vos enfans, auxquels la reconnoissance autant que le devoir, vous prescrira d'inspirer de bonne heure, des sentimens d'amour, de respect, de fidélité, de dévouement pour le jeune Prince avec lequel ils croîtront, et qu'ils sont destinés à servir ; vos enfans, dis-je, perpétueront une race d'honnêtes gens, de bons citoyens, de braves soldats.

Vive l'Empereur !

Vive l'Impératrice !

Vive le Roi de Rome !